Impressum
Verlag: BABADADA GmbH, Nedderfeld 112 , 22529 Hamburg
Geschäftsführer / Verlagsleitung: Harald Hof
Druck: Books on Demand GmbH, In de Tarpen 42, 22848 Norderstedt

Imprint
Publisher: BABADADA GmbH, Nedderfeld 112 , 22529 Hamburg, Germany
Managing Director / Publishing direction: Harald Hof
Print: Books on Demand GmbH, In de Tarpen 42, 22848 Norderstedt, Germany

школа

skool

класна кімната
klaskamer

ділити
deel

186/2

дошка
raad

шкільний двір
speelgrond

вчитель
onderwyser

папір
papier

писати
skryf

ручка
pen

письмовий стіл
lessenaar

лінійка
liniaal

книга
boek

учень
leerling

ранець
skooltas

пенал
potloodhouer

олівець
potlood

точило
skerpmaker

гумка
rubber

альбом для малювання
tekenblok

малюнок

tekening

пензель

verfkwas

коробка фарб

verfoppervlak

ножиці

skêr

клей

gom

зошит

oefenboek

домашнє завдання

huiswerk

число

aantal

додавати

optel

віднімати

aftrek

множити

maal

рахувати

bereken

літера

brief

абетка

alaphabet

слово

woord

текст

teks

читати

lees

крейда

kryt

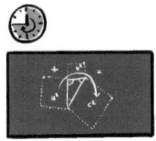

година

les

класний журнал

registreer

екзамен

eksamen

диплом

sertifikaat

шкільна форма

skooluniform

освіта

onderwys

лексикон

ensiklopedie

університет

universiteit

мікроскоп

mikroskoop

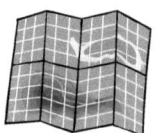

карта

kaart

кошик для паперу

vullisdrom

подорож
reis

готель
hotel
Grand
турбаза
hostel
ROOMS
обмінний пункт
bureau de change
валіза
tas
автомобіль
motor

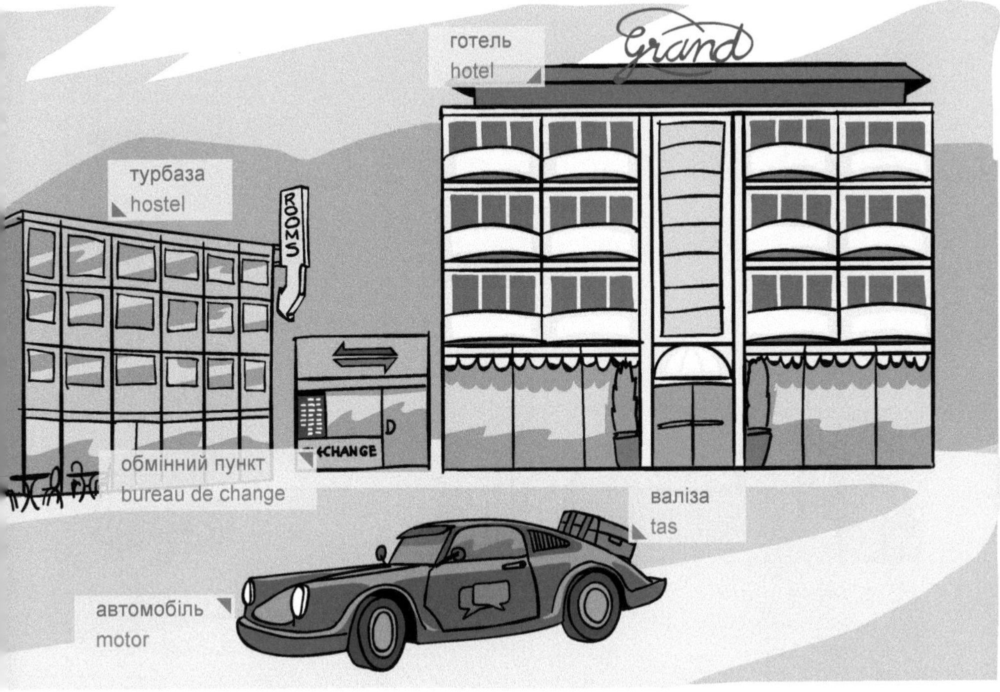

мова

taal

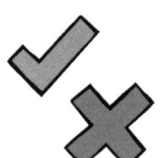

так / ні

ja / nee

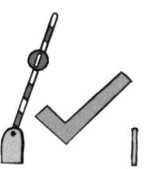

добре

Goed

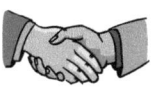

привіт

hallo

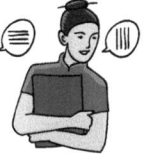

перекладач

vertaler

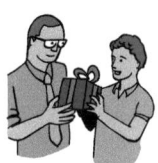

дякую

Dankie

Скільки коштує ...?

hoeveel is...?

Я не розумію

Ek verstaan nie

проблема

probleem

Добрий вечір!

Goeie naand!

Доброго ранку!

Goeie môre!

На добраніч!

Goeie nag!

До побачення

totsiens

напрямок

rigting

багаж

bagasie

сумка

sak

рюкзак

rugsak

гість

gas

кімната

kamer

спальний мішок

slaapsak

намет

tent

туристична інформація

toeriste-inligting

пляж

strand

кредитна картка

kredietkaart

сніданок

ontbyt

обід

middagete

вечеря

aandete

квиток

kaartjie

ліфт

hysbak

поштова марка

posseël

межа

grens

митниця

doeane

посольство

ambassade

віза

visum

паспорт

paspoort

транспорт

vervoer

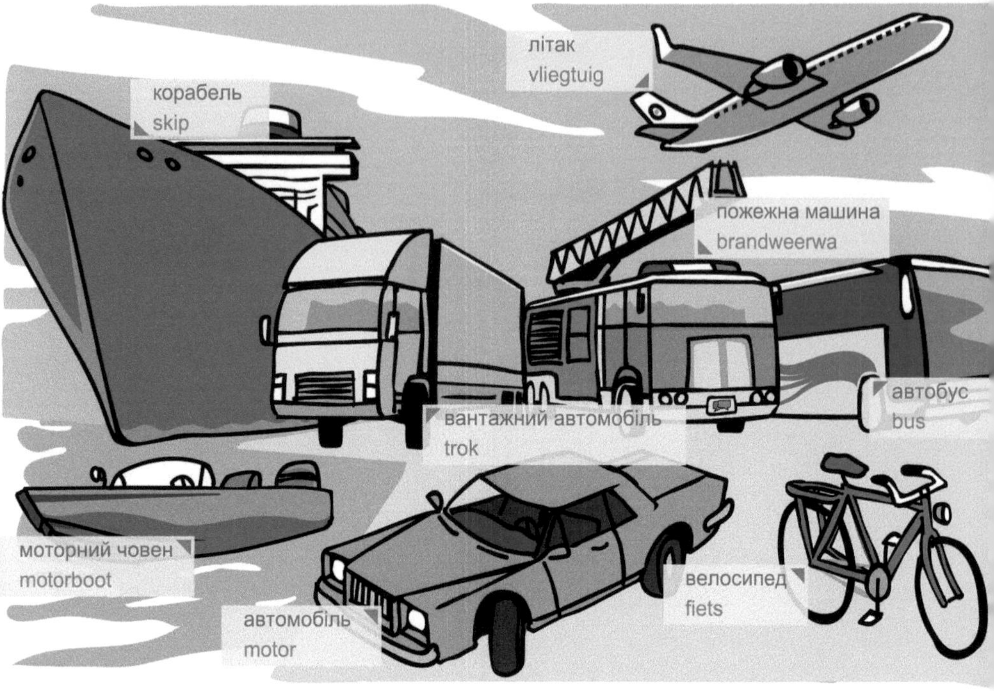

літак
vliegtuig
корабель
skip
пожежна машина
brandweerwa
автобус
bus
вантажний автомобіль
trok
моторний човен
motorboot
велосипед
fiets
автомобіль
motor

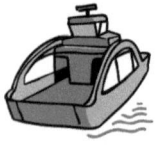

пором

veerboot

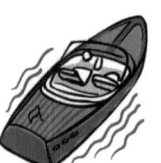

човен

boot

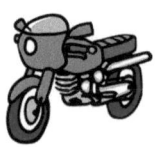

мотоцикл

motorfiets

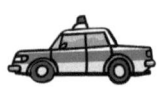

поліцейська машина

polisiemotor

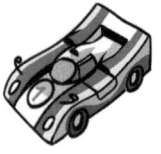

гоночний автомобіль

renmotor

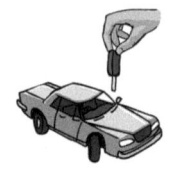

автомобіль на прокат

huurmotor

льне користування авто
car-sharing

евакуатор
insleepvoertuig

сміттєвоз
vullisverwydering

двигун
enjin

паливо
brandstof

автозаправна станція
vulstasie

дорожній знак
verkeersteken

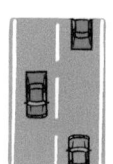

рух
verkeer

затор
verkeersknoop

стоянка
parkeerplek

вокзал
stasie

рейки
spore

потяг
trein

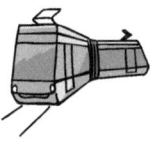

трамвай
tram

вагон
wa

гелікоптер

helikopter

аеропорт

lughawe

вежа

toring

пасажир

passasier

контейнер

houer

коробка

karton

візок

karretjie

кошик

mandjie

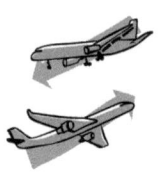

стартувати / приземлятися

opstyg / land

місто

stad

село

dorpie

центр міста

middestad

дім

huis

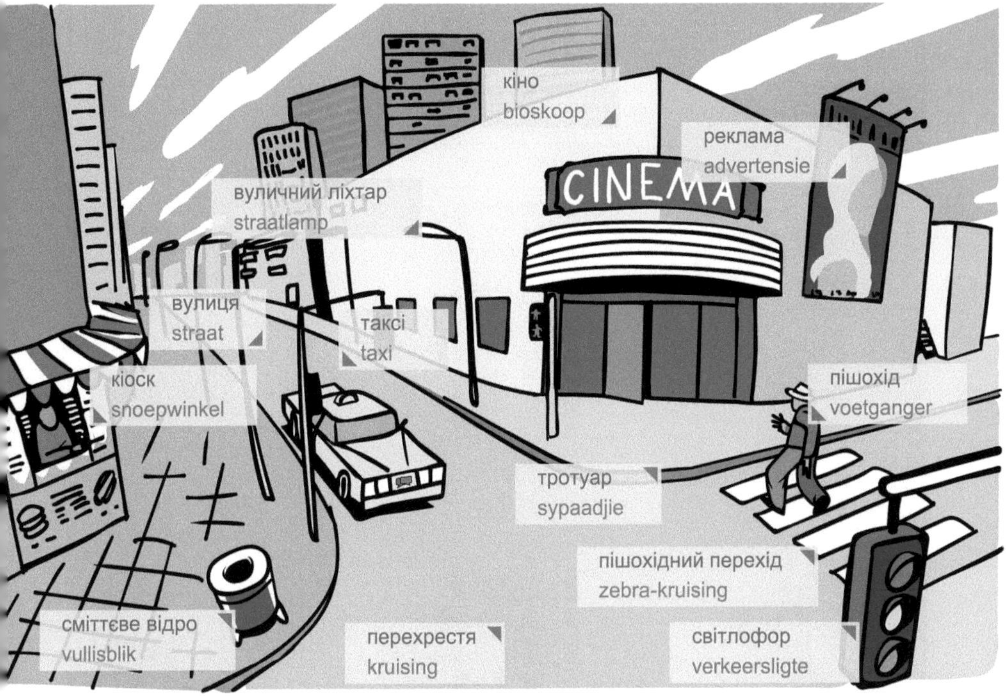
кіно
bioskoop
реклама
advertensie
CINEMA
вуличний ліхтар
straatlamp
вулиця
straat
таксі
taxi
кіоск
snoepwinkel
пішохід
voetganger
тротуар
sypaadjie
пішохідний перехід
zebra-kruising
сміттєве відро
vullisblik
перехрестя
kruising
світлофор
verkeersligte

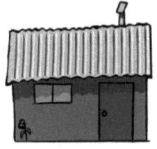

хатина
hut

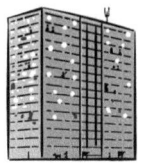

квартира
woonstel

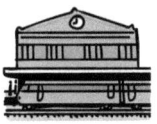

вокзал
stasie

ратуша
stadsaal

MUSEUM

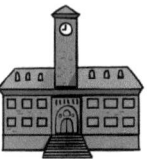

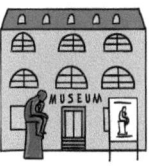

музей
museum

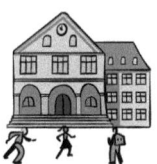

школа
skool

університет
universiteit

банк
bank

лікарня
hospitaal

готель
hotel

аптека
apteek

офіс
kantoor

книжковий магазин
boekwinkel

магазин
winkel

квітковий магазин
bloemis

супермаркет
supermark

ринок
mark

універмаг
handelshuis

торговець рибою
viswinkel

торговельний центр
inkopiesentrum

гавань
hawe

парк

park

лава

bankie

міст

brug

сходи

trappe

метро

moltrein

тунель

tonnel

автобусна зупинка

bushalte

бар

kroeg

ресторан

restaurant

поштова скринька

posbus

вулична табличка

straatnaambord

лічильник паркування

parkeermeter

зоопарк

dieretuin

басейн

swembad

мечеть

moskee

ферма

plaas

забруднення
навколишнього
середовища
besoedeling

кладовище

begraafplaas

церква

kerk

дитячий майданчик

speelgrond

храм

tempel

ландшафт
landskap

листок
blaar

вказівний стовп
padwyser

шлях
pad

луг
weiland

камінь
klip

мандрівник
voetslaner

дерево
boom

річка
rivier

трава
gras

квітка
blom

долина
vallei

гора
heuwel

озеро
meer

ліс
bos

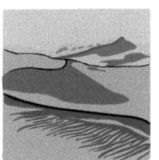

пустеля
woestyn

вулкан
vulkaan

замок
kasteel

веселка
reënboog

гриб
sampioen

пальма
palmboom

комар
muskiet

муха
vlieg

мурашка
mier

бджола
by

павук
spinnekop

жук

miskruier

жаба

padda

вивірка

eekhoring

їжак

krimpvarkie

заєць

haas

сова

uil

птах

voël

лебідь

swaan

кабан

wildevark

олень

takbok

лось

elk

гребля

opgaardam

вітряк

windturbine

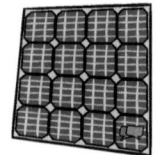

сонячний модуль

sonpaneel

клімат

klimaat

ресторан
restaurant

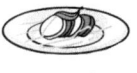

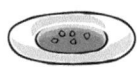

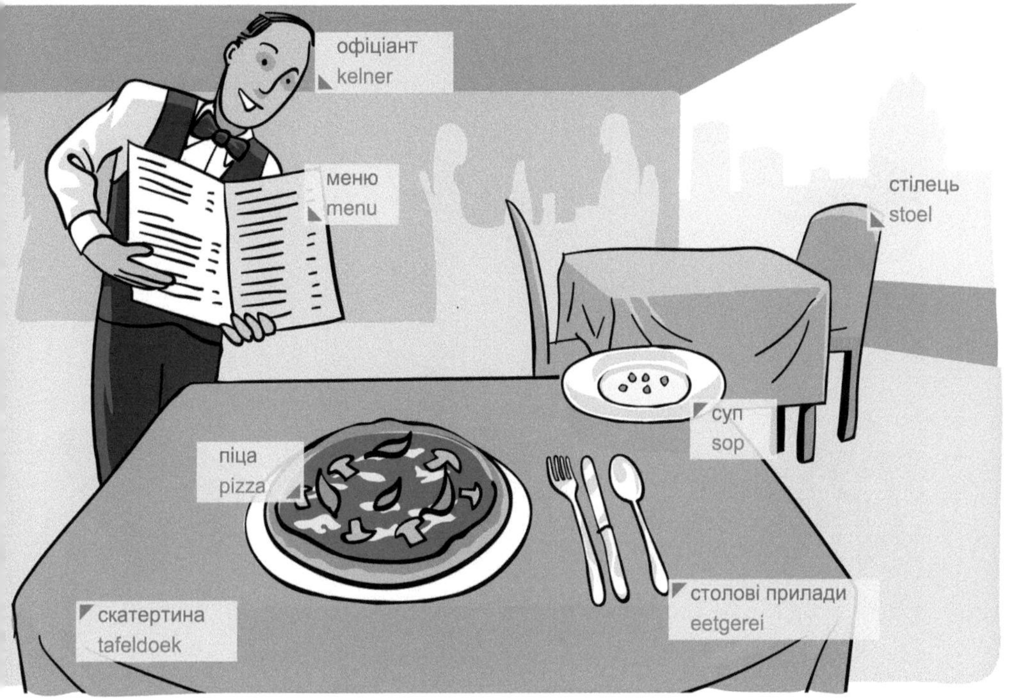
офіціант
kelner
меню
menu
стілець
stoel
суп
sop
піца
pizza
скатертина
tafeldoek
столові прилади
eetgerei

закуска

voorgereg

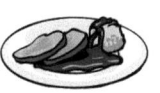

друга страва

hoofgereg

десерт

nagereg

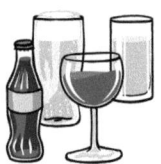

напої

drankies

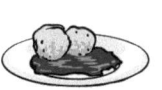

їжа

kos

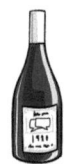

пляшка

bottel

фаст-фуд

kitskos

вулична їжа

straatkos

чайник

teepot

цукорниця

suikerverpakking

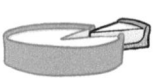

порція

porsie

еспресо-машина

espresso masjien

високий стільчик

hoë stoel

рахунок

rekening

піднос

skinkbord

ніж

mes

вилка

vurk

ложка

lepel

чайна ложка

teelepel

серветка

servet

склянка

glas

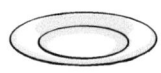

тарілка

gereg

тарілка для супу

sopbakkie

блюдце

piering

соус

sous

солонка

soutpot

млин для перцю

pepermeul

оцет

asyn

масло

olie

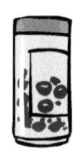

спеції

speserye

кетчуп

tamatiesous

гірчиця

mosterd

майонез

mayonaise

супермаркет
supermark

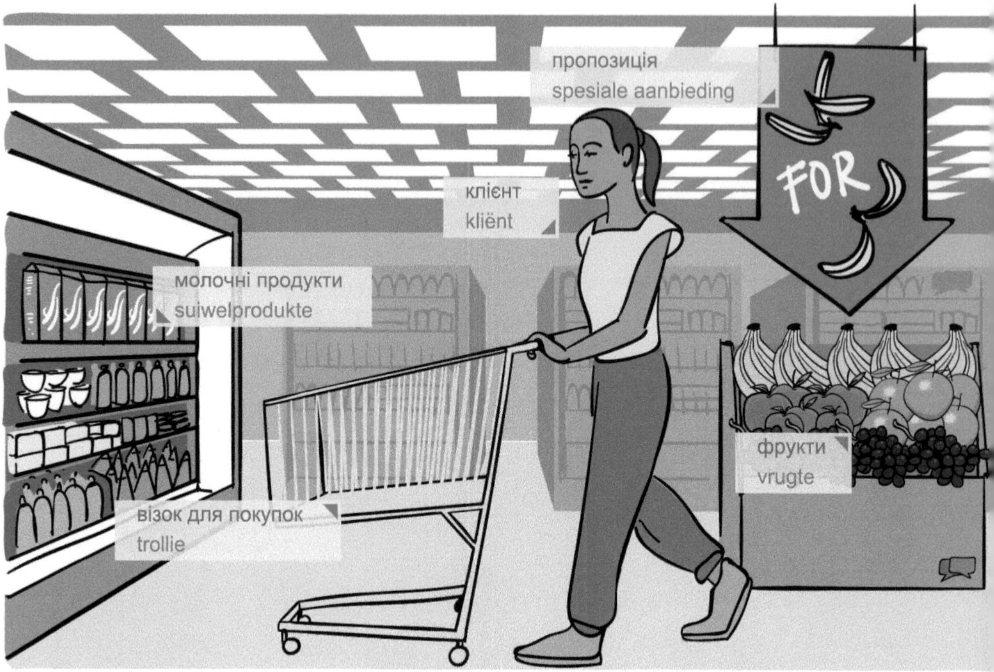

пропозиція
spesiale aanbieding
FOR
клієнт
kliënt
молочні продукти
suiwelprodukte
фрукти
vrugte
візок для покупок
trollie

BUTCHERS

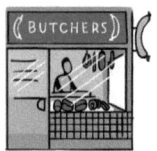

м'ясний магазин

slaghuis

BAKERY

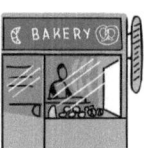

пекарня

bakkery

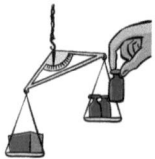

зважувати

weeg

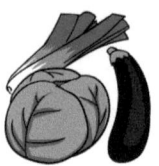

овочі

groente

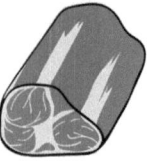

м'ясо

vleis

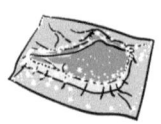

заморожені продукти

bevrore voedsel

ковбасна нарізка

kouevleis

консерви

blikkieskos

пральний порошок

waspoeier

солодощи

lekkers

предмети домашнього побуту

huishoudelike produkte

мийний засіб

skoonmaakprodukte

продавщиця

verkoopsvrou

каса

kasregister

касир

kassier

список покупок

inkopielys

часи роботи

besigheidsure

гаманець

beursie

кредитна картка

kredietkaart

сумка

sak

поліетиленовий пакет

plastieksak

вода

water

сік

sap

молоко

melk

кола

coke

вино

wyn

пиво

bier

алкоголь

alkohol

какао

kakao

чай

tee

кава

koffie

еспресо

espresso

капучіно

cappuccino

банан

piesang

яблуко

appel

апельсин

lemoen

кавун

waatlemoen

лимон

suurlemoen

морква

wortel

часник

knoffel

бамбук

bamboes

цибуля

ui

гриб

sampioen

горішки

neute

локшина

noedels

спагеті

spaghetti

рис

rys

салат

slaai

картопля фрі

aartappelskyfies

смажена картопля

gebraaide aartappels

піца

pizza

гамбургер

hamburger

бутерброд

toebroodjie

шніцель

kotelet

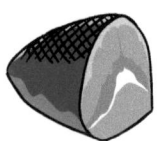

шинка

ham

салямі

salami

ковбаса

wors

курка

hoender

печеня

braaivleis

риба

vis

вівсяні пластівці

hawermoutflokkies

мюслі

muesli

кукурудзяні пластівці

graanvlokkies

борошно

meel

круасан

croissant

булочка

broodrolletjie

хліб

brood

тостовий хліб

roosterbrood

печиво

koekies

масло

botter

сир

dikmelk

пиріг

koek

яйце

eier

яєчня

gebraaide eier

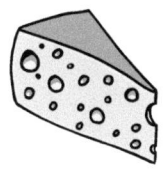

сир

kaas

морозиво

roomys

цукор

suiker

мед

heuning

мармелад

konfyt

нуга-крем

nougat-smeer

карі

kerrie

ферма
plaas

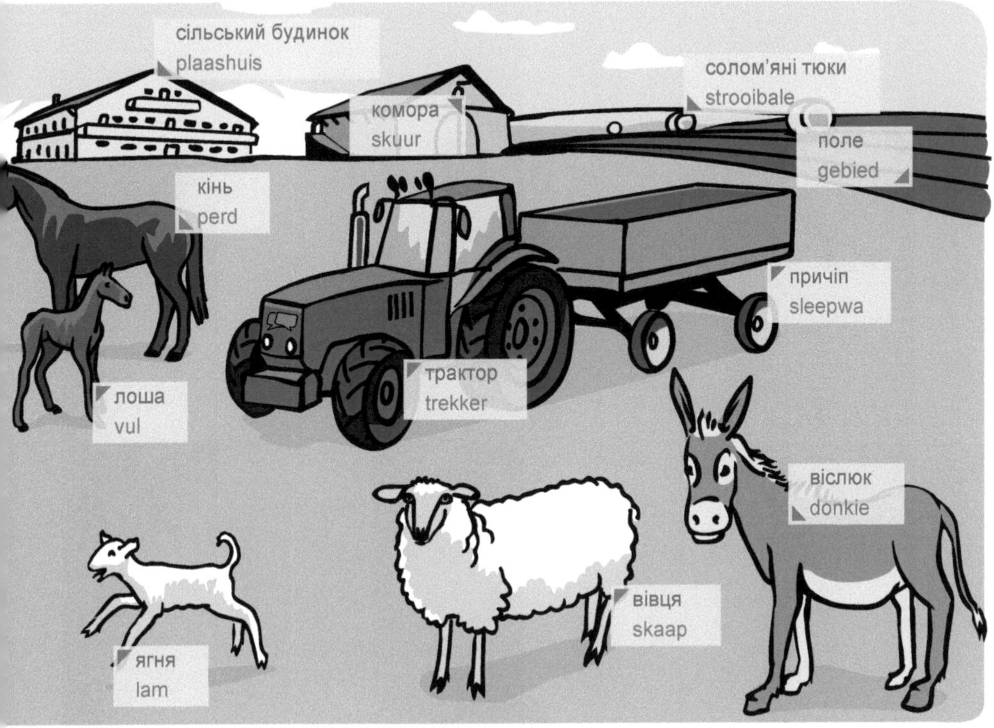

сільський будинок
plaashuis
солом'яні тюки
strooibale
комора
skuur
поле
gebied
кінь
perd
причіп
sleepwa
трактор
trekker
лоша
vul
віслюк
donkie
вівця
skaap
ягня
lam

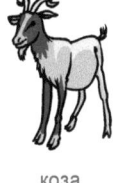

коза

bok

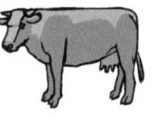

корова

koei

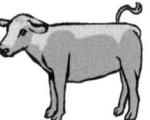

теля

kalf

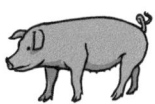

свиня

vark

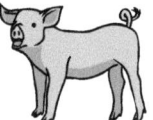

порося

varkie

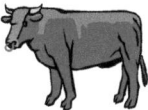

бик

bul

гусак

gans

качка

eend

курча

kuiken

курка

hen

півень

haan

щур

rot

кіт

kat

миша

muis

віл

os

собака

hond

собача будка

hondehok

садовий шланг

tuinslang

лійка

gieter

коса

sens

плуг

ploeg

серп
sekel

мотика
skoffel

вила
gaffel

сокира
byl

тачка
kruiwa

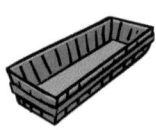

корито
trog

бідон молока
melkkan

мішок
sak

паркан
heining

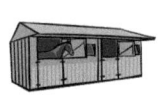

хлів
stal

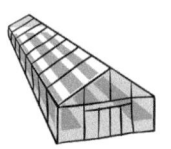

теплиця
kweekhuis

ґрунт
grond

насіння
saad

добриво
kunsmis

комбайн
stroper

пожинати

oes

урожай

oes

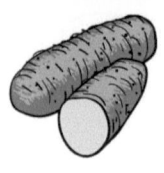

корінь ямсу

yam

пшениця

koring

соя

soja

картопля

aartappel

кукурудза

koring

ріпак

raapsaad

плодове дерево

vrugteboom

маніок

broodwortel

злаки

graan

дім

huis

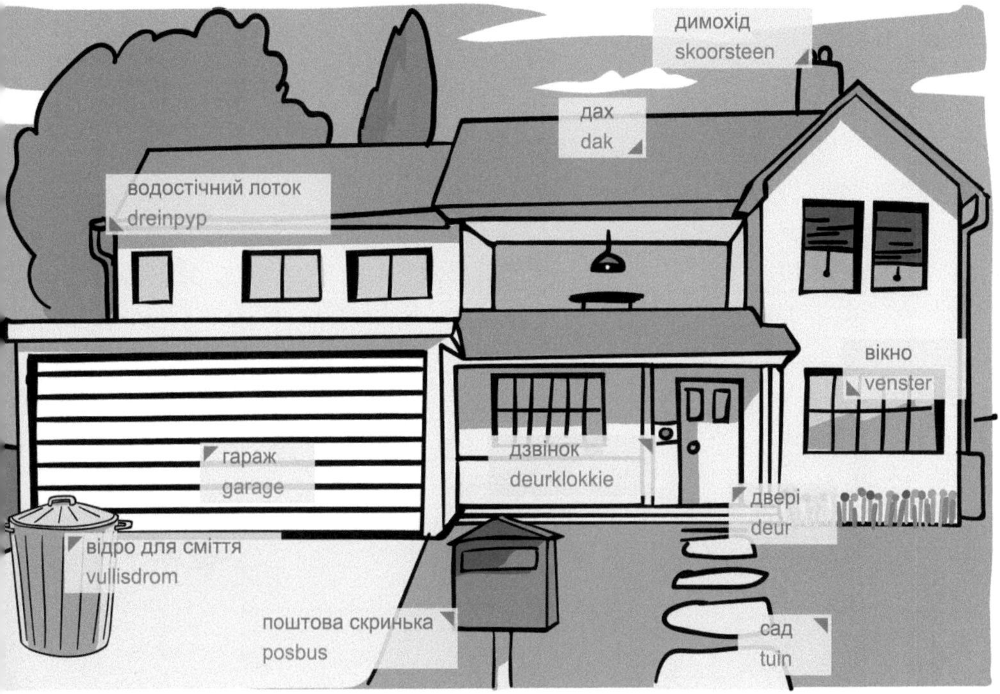

димохід
skoorsteen
дах
dak
водостічний лоток
dreinpyp
вікно
venster
гараж
garage
дзвінок
deurklokkie
двері
deur
відро для сміття
vullisdrom
поштова скринька
posbus
сад
tuin

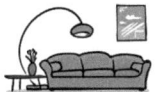

вітальня

woonkamer

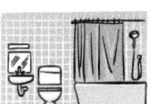

ванна кімната

badkamer

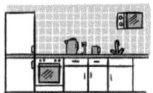

кухня

kombuis

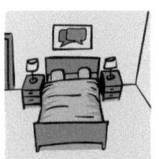

спальня

slaapkamer

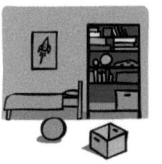

дитяча кімната

kinderkamer

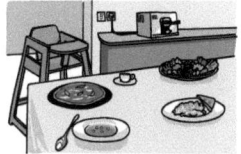

їдальня

eetkamer

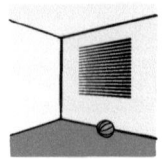

підлога

vloer

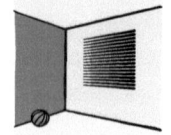

стіна

muur

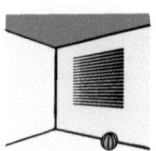

стеля

plafon

підвал

kelder

сауна

sauna

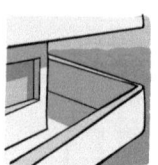

балкон

balkon

тераса

terras

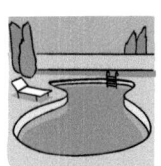

басейн

swembad

косарка

grassnyer

простирало

beddegoedoortreksel

ковдра

deken

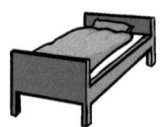

ліжко

bed

мітла

besem

відро

emmer

перемикач

skakelaar

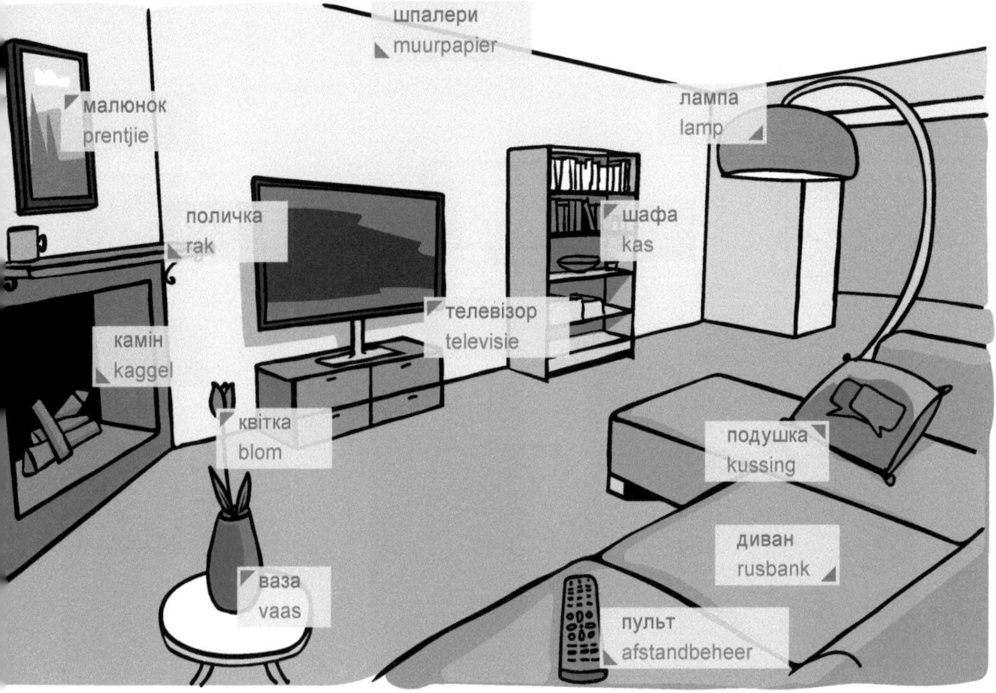

шпалери
muurpapier

малюнок
prentjie

лампа
lamp

поличка
rak

шафа
kas

телевізор
televisie

камін
kaggel

квітка
blom

подушка
kussing

диван
rusbank

ваза
vaas

пульт
afstandbeheer

килим
mat

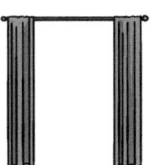

завіса
gordyn

стіл
tafel

стілець
stoel

крісло-гойдалка
wiegstoel

крісло
leunstoel

книга

boek

ковдра

kombers

прикраса

versiering

дрова

vuurmaakhout

фільм

film

стереосистема

hoëtroustel

ключ

sleutel

газета

koerant

картина

skildery

плакат

plakkaat

радіо

radio

блокнот

notaboekie

пилосос

stofsuier

кактус

kaktus

свічка

kers

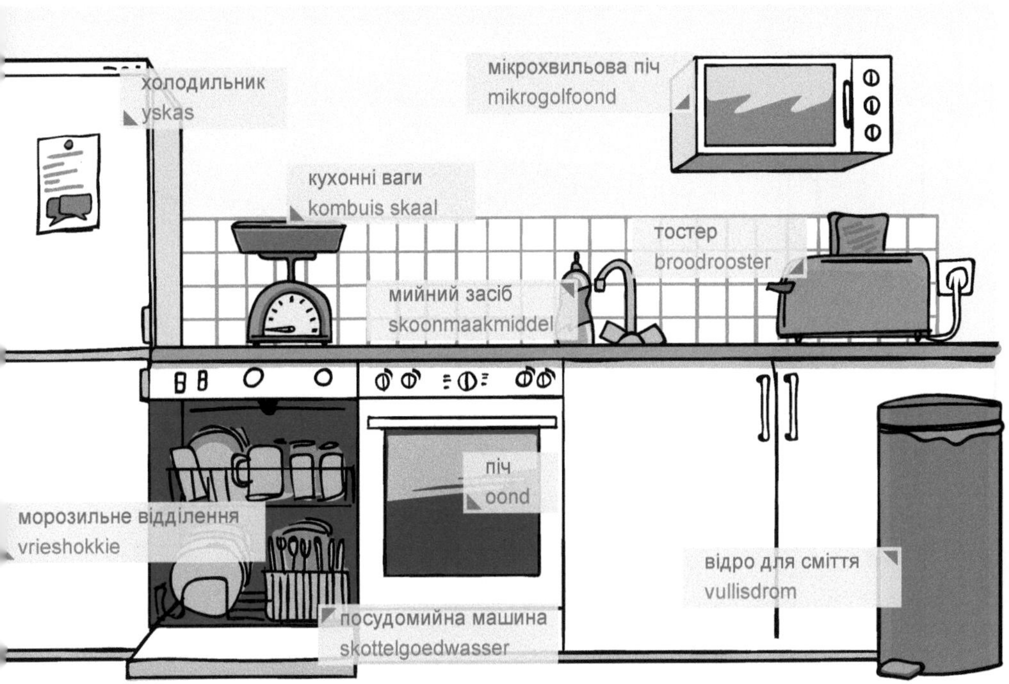

мікрохвильова піч
mikrogolfoond

холодильник
yskas

кухонні ваги
kombuis skaal

тостер
broodrooster

мийний засіб
skoonmaakmiddel

піч
oond

морозильне відділення
vrieshokkie

відро для сміття
vullisdrom

посудомийна машина
skottelgoedwasser

плита
....
drukkoker

горщик
....
pot

чавунний горщик
....
ysterpot

вок / кадай
....
wok / kadai

сковорода
....
pan

чайник
....
ketel

пароварка

stoomkoker

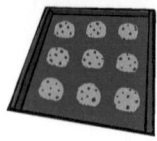

лист

bakplaat

посуд

breekware

кухоль

beker

чаша

bak

палички для їжі

eetstokkie

черпак

skeplepel

лопатка

spatel

вінчик для збивання

klitser

сито

sif

сито

sif

терка

rasper

ступка

vysel

барбекю

braai

багаття

oop vuur

дошка
broodplank

качалка
koekroller

штопор
kurktrekker

консерва
kan

відкривачка
blikoopmaker

прихватки
vatlap

раковина
opwasbak

щітка
borsel

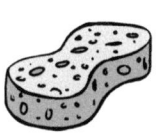

губка
spons

міксер
menger

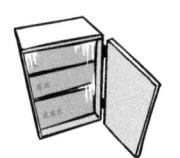

морозильна камера
vrieskas

дитяча пляшка
bababottel

кран
kraan

ванна кімната
badkamer

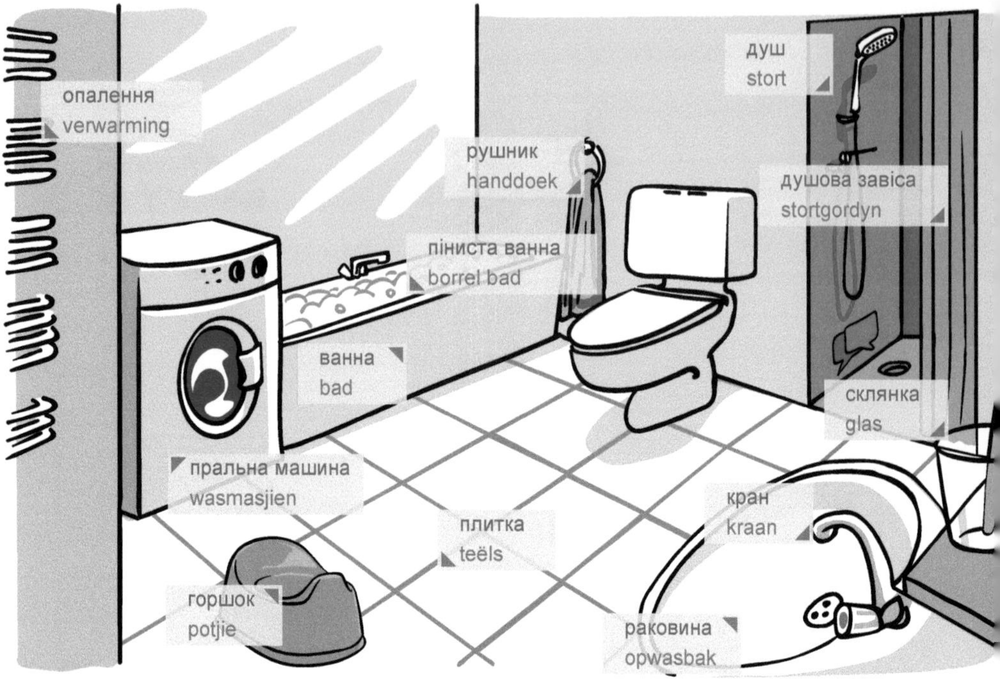

опалення
verwarming
рушник
handdoek
душ
stort
душова завіса
stortgordyn
пiниста ванна
borrel bad
ванна
bad
склянка
glas
пральна машина
wasmasjien
кран
kraan
плитка
teëls
горшок
potjie
раковина
opwasbak

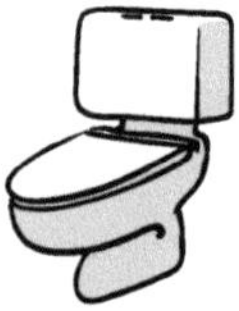

туалет

toilet

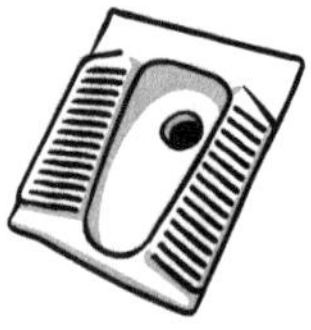

підлоговий туалет

hurktoilet

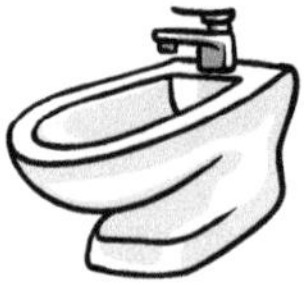

біде

bidet

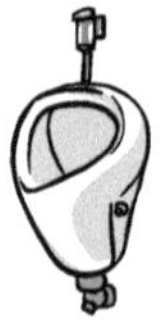

пісуар

urinaal

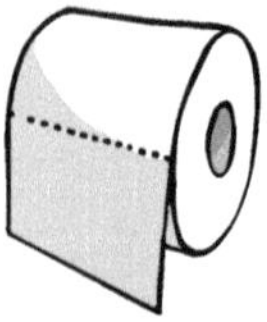

туалетний папір

toiletpapier

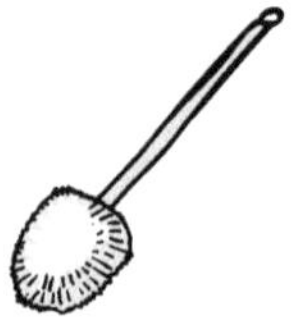

щітка для туалету

toiletborsel

зубна щітка

tandeborsel

зубна паста

tandepasta

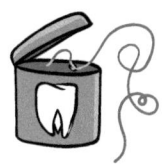

нитка для чищення зубів

tande vlos

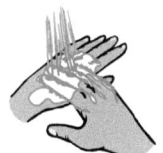

мити

was

ручний душ

handstort

інтимний душ

stort

таз

wasbak

щітка для спини

rugkantborsel

мило

seep

гель для душу

stortgel

шампунь

sjampoe

мочалка

flanel

водостік

drein

крем

room

дезодорант

reukweerder

дзеркало

spieël

косметичне дзеркало

spieëltjie

бритва

skeermes

піна для гоління

skeerroom

лосьйон після гоління

naskeermiddel

гребінь

kam

щітка

borsel

фен

haardroër

лак для волосся

haarsproei

косметика

grimmering

губна помада

lipstifie

лак для нігтів

naellak

вата

watte

ножиці для нігтів

naelknipper

парфум

parfuum

косметичка

toiletsakkie

табурет

stoel

ваги

skaal

халат

badjas

гумові рукавички

rubberhandskoene

тампон

tampon

гігієнічні прокладки

sanitêre handdoek

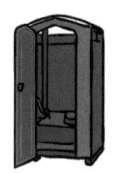

біотуалет

chemiese toilet

дитяча кімната

kinderkamer

будильник
wekker
м'яка іграшка
snoesige speelding
іграшковий автомобіль
speelgoedkarretjie
брязкальце
ratel
ляльковий будиночок
pophuis
подарунок
geskenk

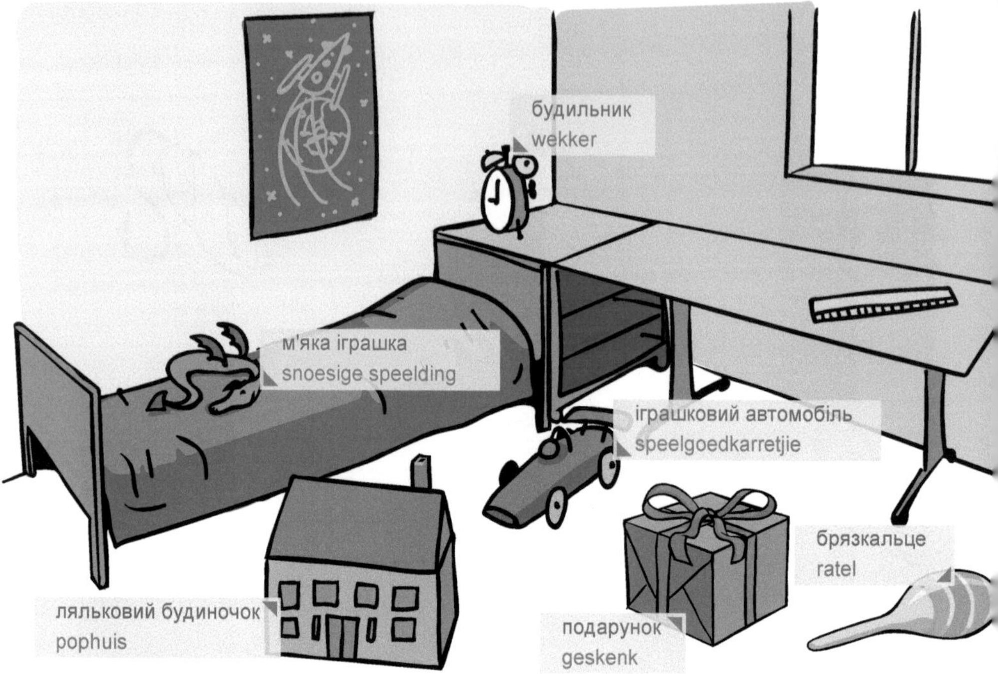

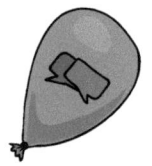

повітряна кулька

ballon

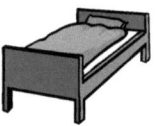

ліжко

bed

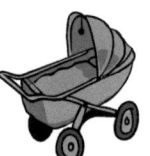

дитячий візок

stootwaentjie

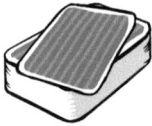

картярська гра

kaartespel

пазл

legkaart

SUPER
MEGA

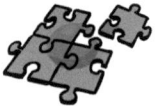

комікс

tekenprent

лего цеглинки

lego-blokkies

блоки

speelgoedblokke

іграшкова фігурка

animasieheld

повзунки

groeipakkie

фризбі

frisbee

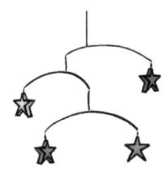

мобіле

mobile

настільна гра

bordspeletjie

кубик

dobbelsteen

модель залізнична станція

model trein stel

соска

fopspeen

вечірка

partytjie

книжка з картинками

prenteboek

м'яч

bal

лялька

pop

грати

speel

пісочниця

sandput

гойдалка

swaai

іграшка

speelgoed

гральна консоль

videospeletjie-konsole

триколісний велосипед

driewiel

плюшевий мішка

teddiebeer

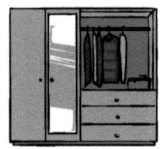

шафа

klerekas

одяг

klere

шкарпетки

sokkies

панчохи

kouse

колготки

broekiekouse

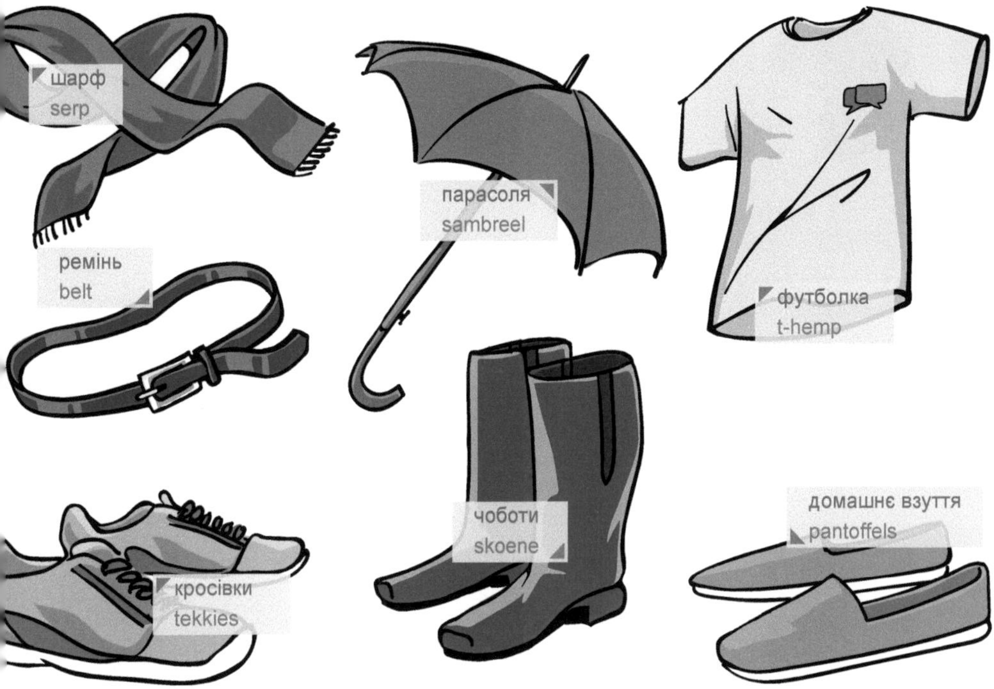

шарф
serp

ремінь
belt

парасоля
sambreel

футболка
t-hemp

чоботи
skoene

домашнє взуття
pantoffels

кросівки
tekkies

сандалі
sandale

взуття
skoene

гумові чоботи
rubber stewels

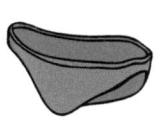

труси
onderbroek

бюстгальтер
bra

нижня сорочка
onderbaadjie

боді

liggaam

штани

broek

джинси

jeans

спідниця

romp

блузка

bloes

сорочка

hemp

пуловер

oortrektrui

светр

oortrektrui

піджак

baadjie

куртка

baadjie

пальто

jas

дощовик

reënjas

костюм

kostuum

сукня

rok

весільна сукня

trourok

костюм

pak

нічна сорочка

nagrok

піжама

pajamas

сарі

sari

головна хустка

kopdoek

чалма

tulband

бурка

burqa

кафтан

kaftan

абая

abaya

купальник

swembroek

плавки

swembroek

шорти

kortbroek

тренувальний костюм

sweetpak

фартух

voorskoot

рукавички

handskoene

гудзик

knoppie

окуляри

bril

браслет

armband

ланцюг

halssnoer

кільце

ring

сережка

oorbel

шапка

pet

плічка

klerehanger

капелюх

hoed

краватка

das

застібка-блискавка

rits

шолом

helmet

підтяжки

draadjies

шкільна форма

skooluniform

уніформа

uniform

нагруднык
bib

соска
fopspeen

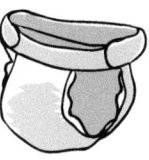

підгузок
doek

офіс
kantoor

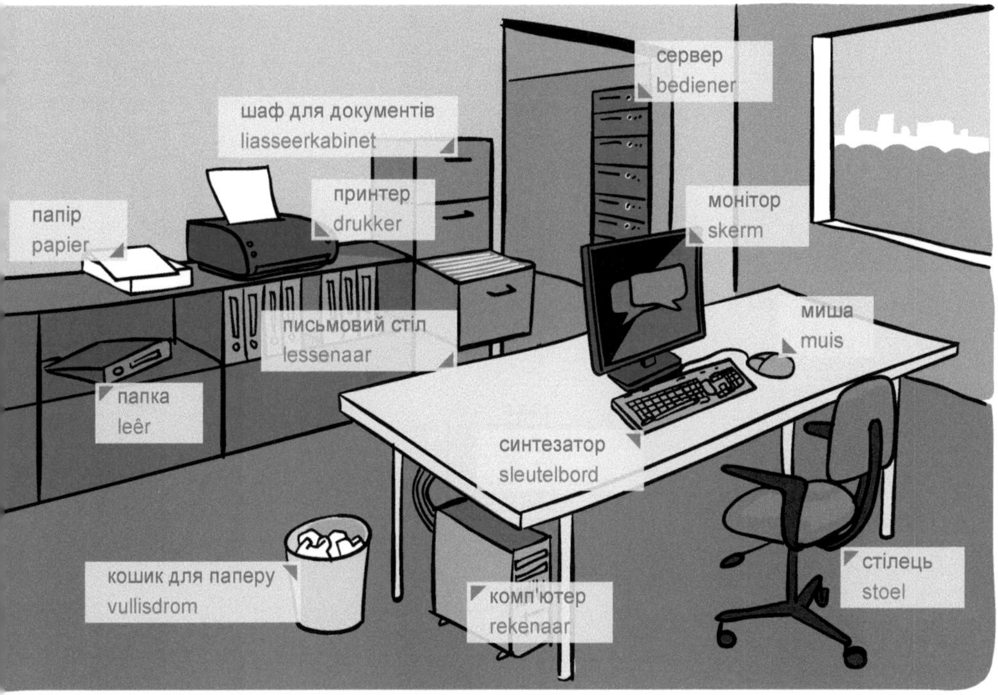

сервер
bediener

шаф для документів
liasseerkabinet

принтер
drukker

монітор
skerm

папір
papier

письмовий стіл
lessenaar

миша
muis

папка
leêr

синтезатор
sleutelbord

кошик для паперу
vullisdrom

комп'ютер
rekenaar

стілець
stoel

кавовий кухоль
koffiebeker

калькулятор
sakrekenaar

інтернет
internet

ноутбук

skootrekenaar

лист

brief

повідомлення

boodskap

мобільний телефон

selfoon

мережа

netwerk

копіювальний пристрій

fotostaatmasjien

програмне забезпечення

sagteware

телефон

telefoon

розетка

muurprop

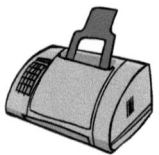

факс

faksmasjien

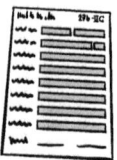

бланк

vorm

документ

dokument

купувати

koop

платити

betaal

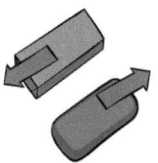

торгувати

besigheid doen

гроші

geld

USD

долар

dollar

EUR

євро

euro

JPY

ієна

yen

RUB

рубль

roebel

CHF

франк

switserse frank

CNY

юанів женьміньбі

renminbi yuan

INR

рупія

rupee

банкомат

kontantteller (ATM)

обмінний пункт

bureau de change

золото

goud

срібло

silwer

нафта

olie

енергія

energie

ціна

prys

контракт

kontrak

податок

belasting

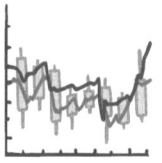

акція

aandele

працювати

werk

працівник

werknemer

роботодавець

werkgewer

фабрика

fabriek

магазин

winkel

економіка - ekonomie

поліцейський
polisiebeampte

пожежник
brandweerman

повар
kok

лікар
dokter

пілот
vlieënier

садівник
tuinier

столяр
timmerman

швачка
naaldwerkster

суддя
regter

хімік
chemikus

актор
akteur

водій автобуса

busbestuurder

таксист

taxibestuurder

рибалка

visserman

прибиральниця

skoonmaakvrou

покрівельник

dakwerker

офіціант

kelner

мисливець

jagter

художник

skilder

пекар

bakker

електрик

elektrisiën

будівельник

bouer

інженер

ingenieur

забійник

slagter

бляхар

loodgieter

листоноша

posman

солдат

soldaat

архітектор

argitek

касир

kassier

флорист

bloemiste

перукар

haarkapper

кондуктор

kondukteur

механік

werktuigkundige

капітан

kaptein

дантист

tandarts

вчений

wetenskaplike

рабин

rabbi

імам

imam

монах

monnik

пастор

predikant

інструменти
gereedskap

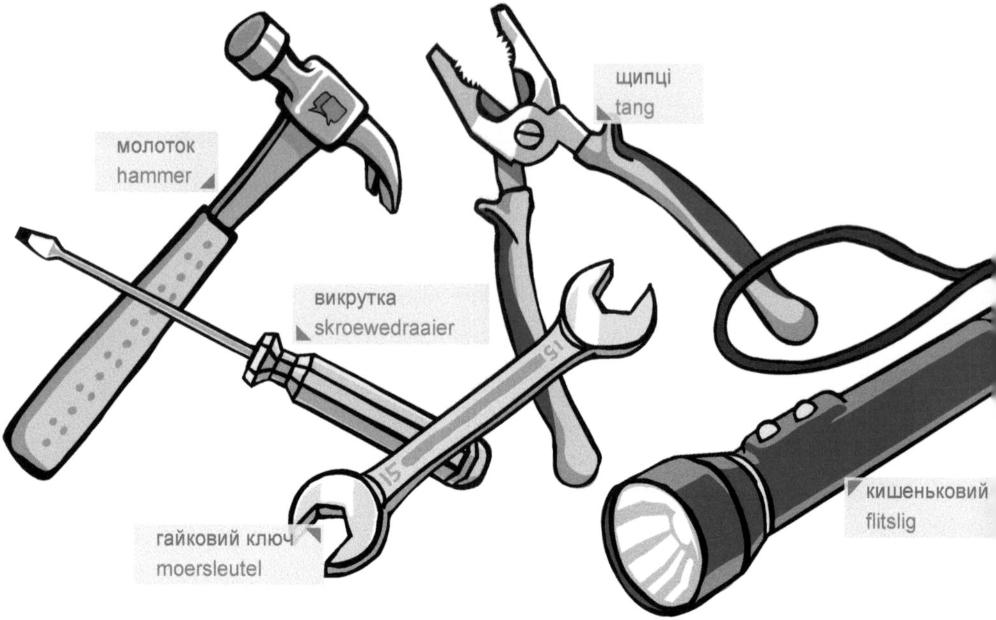
молоток
hammer
щипці
tang
викрутка
skroewedraaier
гайковий ключ
moersleutel
кишеньковий
flitslig

екскаватор

graaftoestel

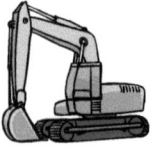

ящик для інструментів

gereedskapskis

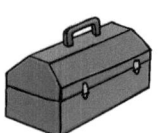

драбина

leer

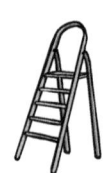

пилка

saag

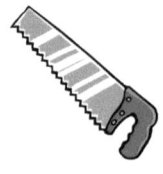

цвяхи

naels

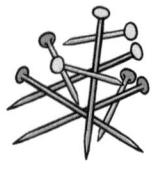

свердло

boor

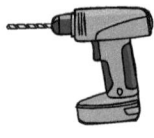

ремонтувати

regmaak

лопата

graaf

лайно!

verdomp!

совок

skoppie

відро з фарбою

verfpot

гвинти

skroewe

музичні інструменти
musiekinstrumente

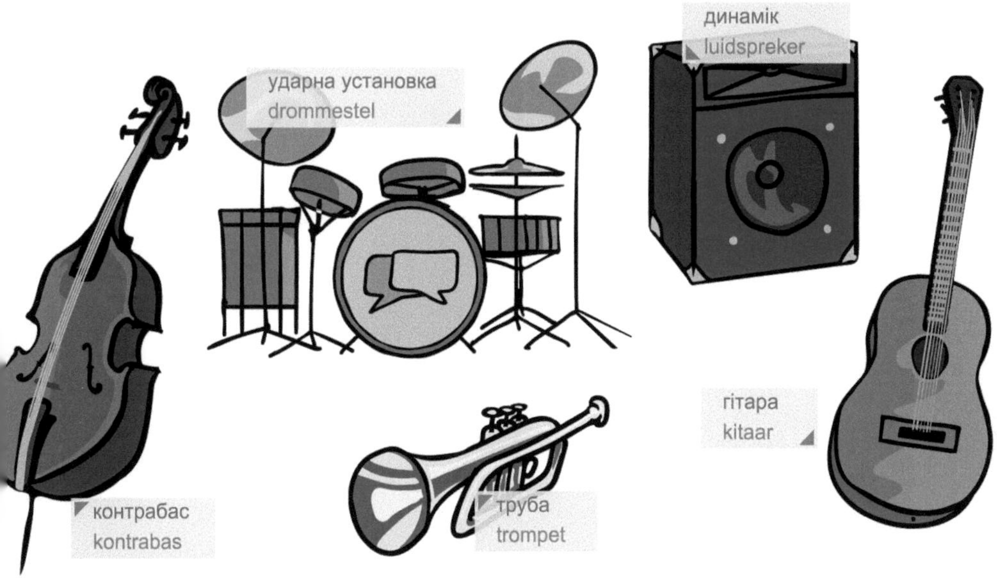

динамік
luidspreker

ударна установка
drommestel

контрабас
kontrabas

труба
trompet

гітара
kitaar

фортепіано

klavier

скрипка

viool

бас

bas

литаври

keteltrom

барабан

dromme

клавіатура

sleutelbord

саксофон

saksofoon

флейта

fluit

мікрофон

mikrofoon

зоопарк

dieretuin

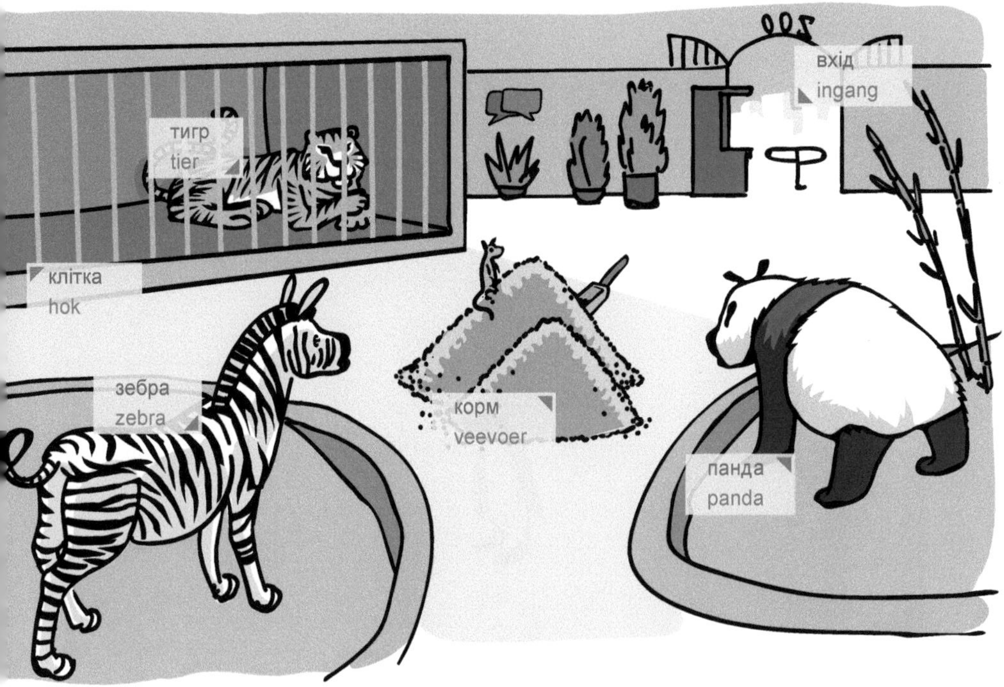
вхід
ingang
тигр
tier
клітка
hok
зебра
zebra
корм
veevoer
панда
panda

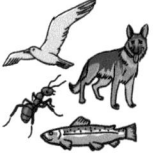

тварини

diere

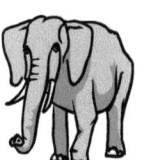

слон

olifant

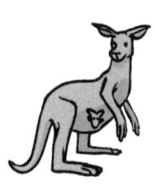

кенгуру

kangaroo

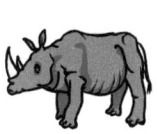

носоріг

renoster

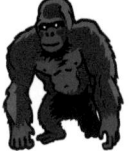

горила

gorilla

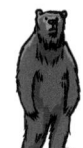

ведмідь

beer

верблюд

kameel

страус

volstruis

лев

leeu

мавпа

aap

фламінго

flamink

папуга

papegaai

білий ведмідь

ysbeer

пінгвін

pikkewyn

акула

haai

павич

pou

змія

slang

крокодил

krokodil

працівник зоопарку

dieretuinopsigter

тюлень

rob

ягуар

jaguar

поні

ponie

леопард

luiperd

гіпопотам

seekoei

жираф

kameelperd

орел

arend

кабан

wildevark

риба

vis

черепаха

skilpad

морж

walrus

лисиця

jakkals

газель

gemsbok

американський футбол
Amerikaanse Voetbal

їзда на велосипеді
fietsry

теніс
tennis

баскетбол
basketbal

плавання
swem

бокс
boks

хокей
ys-hokkie

футбол
sokker

бадмінтон
pluimbal

легка атлетика
atletiek

гандбол
handbal

лижні перегони
ski

поло
polo

дії

aktiwiteite

стрибати
spring
обіймати
drukkie
сміятися
lag
йти
loop
співати
sing
мріяти
droom
молитися
bid
цілувати
soen

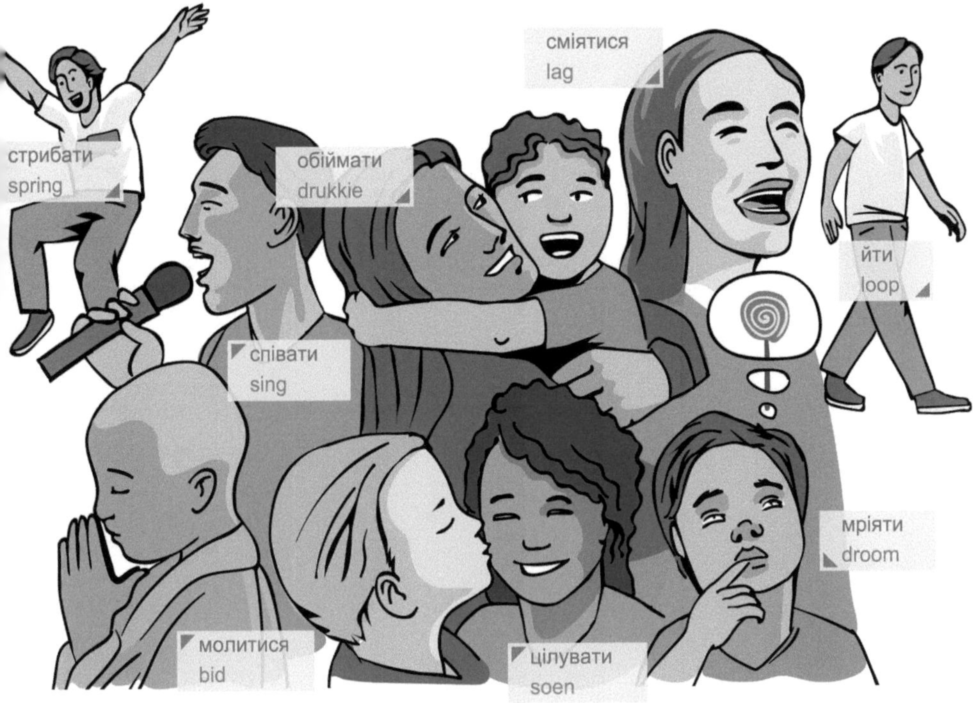

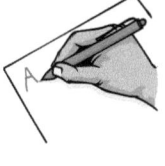

писати

skryf

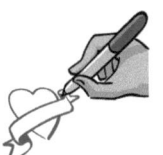

малювати

teken

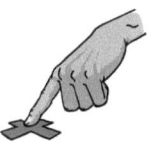

показувати

show

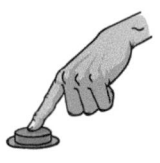

тиснути

druk

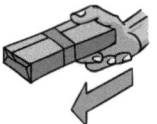

давати

gee

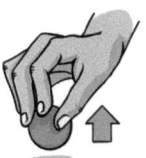

брати

neem

мати

het

робити

doen

бути

wees

стояти

staan

бігати

hardloop

тягнути

trek

кидати

gooi

падати

val

лежати

jok

очікувати

wag

носити

dra

сидіти

sit

одягати

aantrek

спати

slaap

просипатися

wakker word

дивитися

kyk na

плакати

huil

гладити

streel

розчісувати

kam

розмовляти

praat

розуміти

verstaan

питати

vra

слухати

luister

пити

drink

їсти

eet

прибирати

opruim

любити

liefhê

варити

kook

їхати

ry

літати

vlieg

дії - aktiwiteite

йти під вітрилом

seil

рахувати

bereken

читати

lees

вчитися

leer

працювати

werk

одружуватися

trou

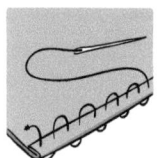

шити

naai

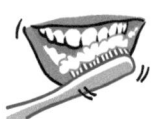

чистити зуби

tande borsel

убивати

doodmaak

курити

rook

посилати

stuur

бабуся
ouma

дідуся
oupa

батько
pa

мати
ma

немовля
baba

донька
dogter

син
seun

гість

gas

тітка

tannie

дядько

oom

брат

broer

сестра

suster

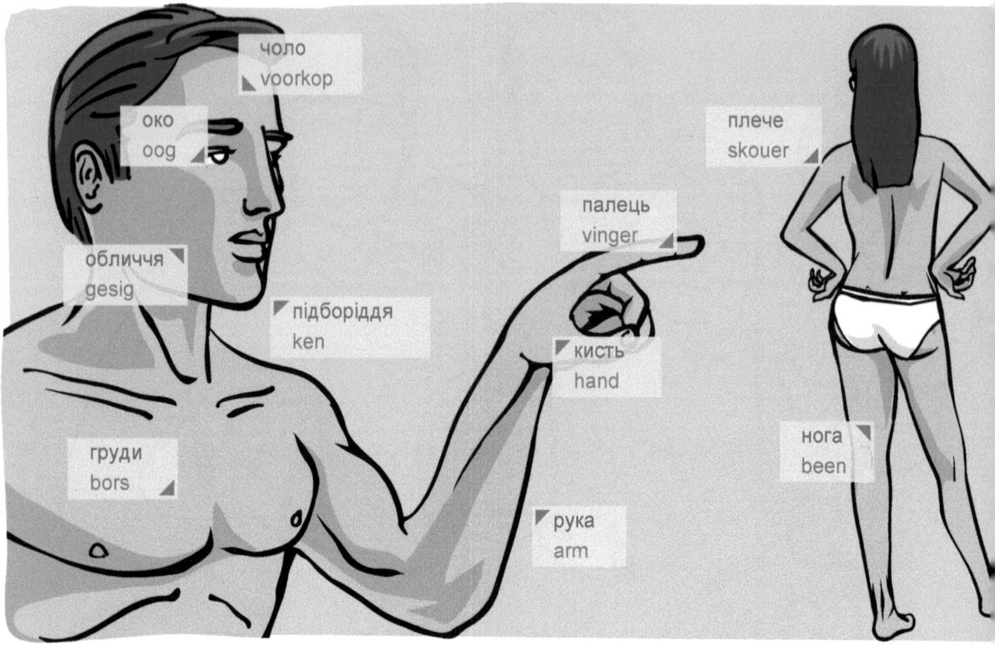

чоло
voorkop

око
oog

плече
skouer

обличчя
gesig

палець
vinger

підборіддя
ken

кисть
hand

груди
bors

нога
been

рука
arm

немовля

baba

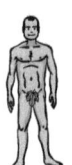

чоловік

man

жінка

vrou

дівчина

meisie

хлопчик

seun

голова

kop

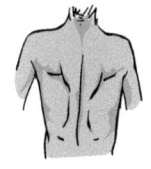

спина
rug

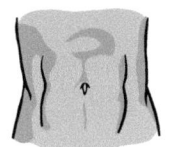

живіт
buik

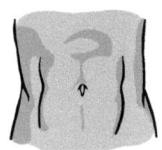

пуп
naelstring

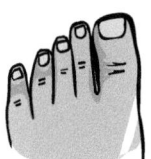

палець ноги
toon

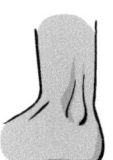

п'ята
hak

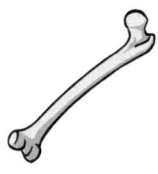

кістка
been

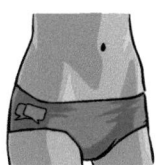

стегно
heup

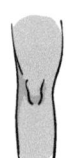

коліно
knie

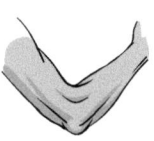

лікоть
elmboog

ніс
neus

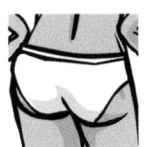

сідниці
boude

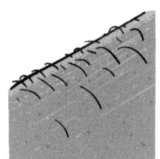

шкіра
vel

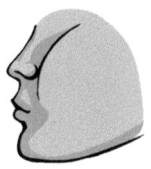

щока
wang

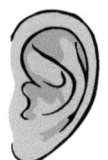

вухо
oor

губа
lippe

рот

mond

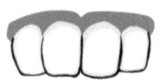

зуб

tand

язик

tong

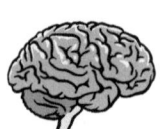

мозок

brein

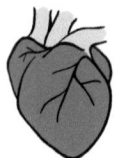

серце

hart

м'яз

spiere

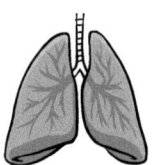

легені

long

печінка

lewer

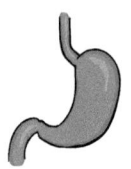

шлунок

maag

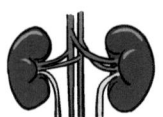

нирки

niere

статевий акт

seks

презерватив

kondoom

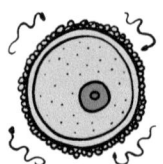

яйцеклітина

eierstok

сперма

semen

вагітність

swangerskap

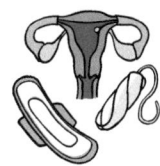

менструація

menstruasie

вагіна

vagina

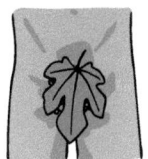

пеніс

penis

брова

wenkbrou

волосся

hare

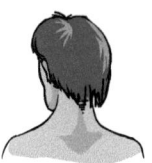

шия

nek

лікарня
hospitaal

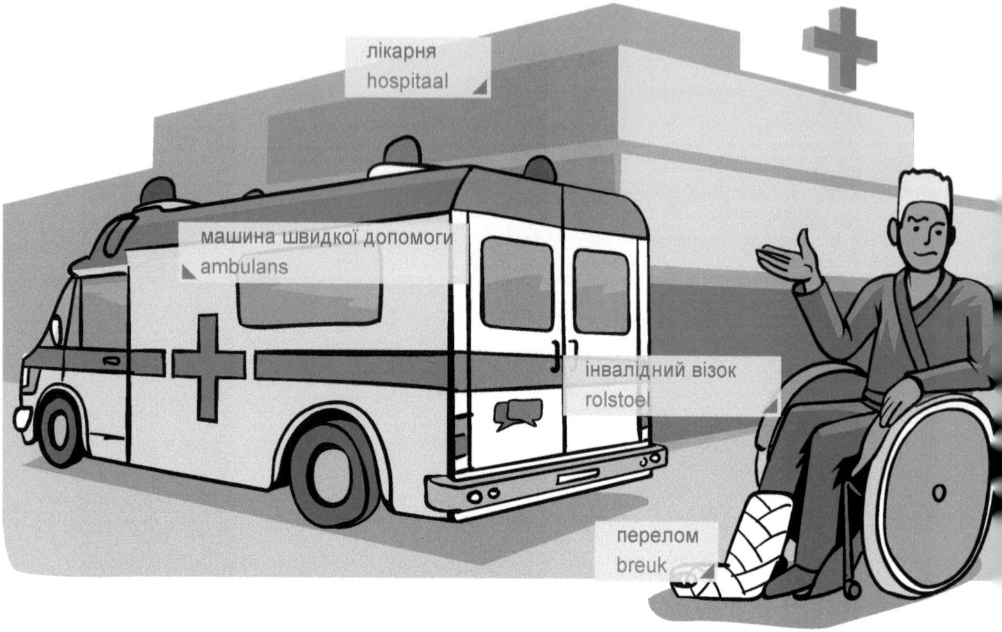

лікарня
hospitaal
машина швидкої допомоги
ambulans
інвалідний візок
rolstoel
перелом
breuk

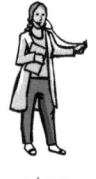

лікар
dokter

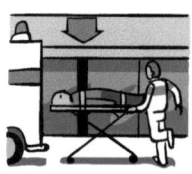

відділення швидкої медичної допомоги
ongevalle

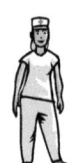

медсестра
verpleegster

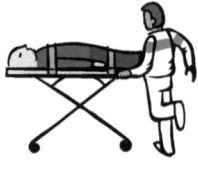

аварійний випадок
noodgeval

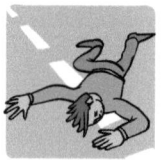

непритомний
bewusteloos

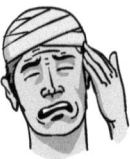

біль
pyn

травма

besering

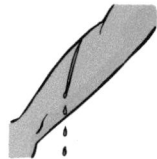

кровотеча

bloeding

інфаркт

hartaanval

інсульт

beroerte

алергія

allergie

кашель

hoes

лихоманка

koors

грип

griep

пронос

diarree

головна біль

hoofpyn

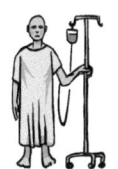

рак

kanker

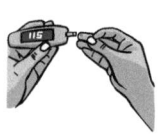

діабет

diabetes

хірург

chirurg

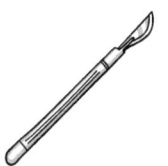

скальпель

skalpel

операція

operasie

КТ

CT

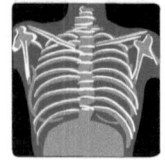

рентген

X-straal

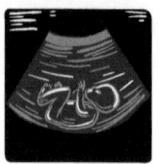

ультразвук

ultraklank

маска

gesigmasker

хвороба

siekte

зал очікування

wagkamer

милиця

kruk

пластир

gips

пов'язка

verband

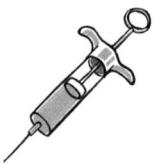

ін'єкція

inspuiting

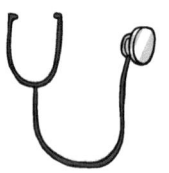

стетоскоп

stetoskoop

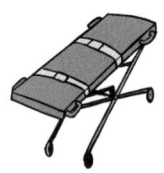

ноші

draagbaar

термометр

kliniese termometer

народження

geboorte

надмірна вага

oorgewig

слуховий апарат

gehoorapparaat

дезінфікуючий засіб

ontsmettingsmiddel

інфекція

infeksie

вірус

virus

ВІЛ / СНІД

MIV / vigs

медицина

medisyne

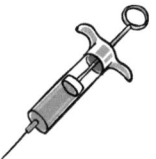

вакцинація

inenting

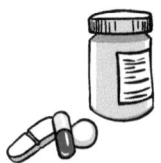

таблетки

tablette

протизаплідна пігулка

pil

екстрений виклик

noodoproep

тонометр

blooddrukmonitor

хворий / здоровий

siek / gesond

Допоможіть!

Help!

сигнал тривоги

alarm

напад

aanranding

атака

aanval

небезпека

gevaar

аварійний вихід

nooduitgang

Вогонь!

Brand!

вогнегасник

brandblusser

аварія

ongeluk

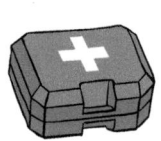

аптечка

noodhulpkissie

СОС

SOS

поліція

polisie

Європа

Europa

Північна Америка

Noord-Amerika

Південна Америка

Suid-Amerika

Африка

Afrika

Азія

Asië

Австралія

Australië

Атлантика

Atlantiese Oseaan

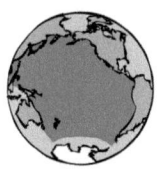

Тихий океан

Stille Oseaan

Індійський океан

Indiese Oseaan

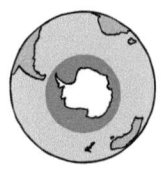

Антарктичний океан

Antarktiese Oseaan

Північний Льодовитий
океан

Arktiese Oseaan

Північний полюс

Noordpool

Південний полюс

Suidpool

Антарктика

Antarktika

Земля

aarde

суша

land

море

see

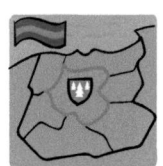

острів

eiland

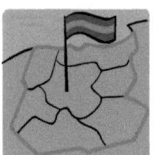

нація

nasie

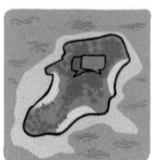

держава

staat

циферблат

horlosie

годинникова стрілка

uur-aanwyser

хвилинна стрілка

minuut-aanwyser

секундна стрілка

sekonde-aanwyser

Котра година?

Hoe laat is dit?

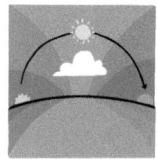

день

dag

час

tyd

зараз

nou

цифровий годинник

digitale horlosie

хвилина

minuut

година

uur

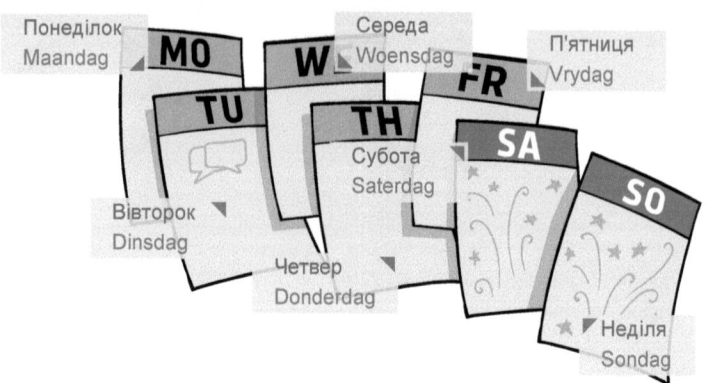

Понеділок
Maandag

Середа
Woensdag

П'ятниця
Vrydag

MO W FR TU TH SA SO

Вівторок
Dinsdag

Субота
Saterdag

Четвер
Donderdag

Неділя
Sondag

вчора

gister

сьогодні

vandag

завтра

môre

ранок

oggend

опівдні

middag

вечір

aand

MO	TU	WE	TH	FR	SA	SU
1	2	3	4	5	6	7
8	9	10	11	12	13	14
15	16	17	18	19	20	21
22	23	24	25	26	27	28
29	30	31	1	2	3	4

робочі дні

werksdae

MO	TU	WE	TH	FR	SA	SU
1	2	3	4	5	6	7
8	9	10	11	12	13	14
15	16	17	18	19	20	21
22	23	24	25	26	27	28
29	30	31	1	2	3	4

кінець робочого тижня

naweek

дощ
reën

веселка
reënboog

вітер
wind

сніг
sneeu

весна
lente

осінь
Herfs

літо
somer

зима
winter

4.APRIL	11°	☀
5.APRIL	4°	☁
6.APRIL	13°	☂
7.APRIL	8°	☀
8.APRIL	10°	☀

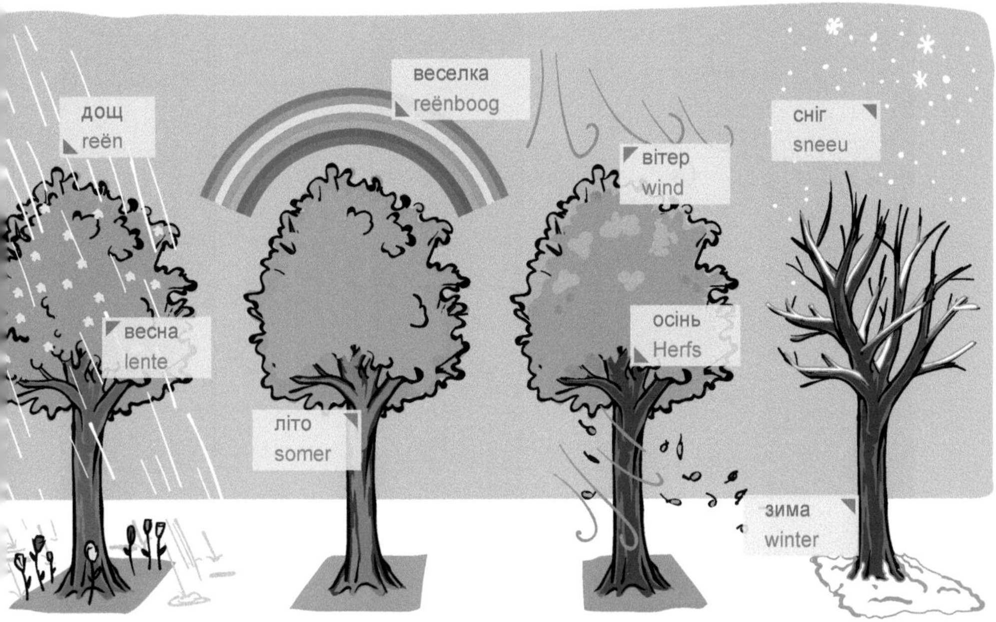

прогноз погоди

weervoorspelling

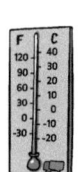

термометр

termometer

сонячне світло

sonskyn

хмара

wolk

туман

mis

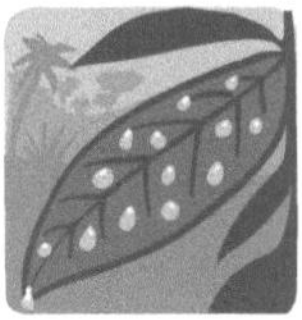

вологість повітря

humiditeit

блискавка

weerlig

грім

donderweer

шторм

storm

град

hael

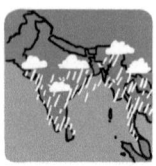

мусон

reënseisoen

повінь

vloed

лід

ys

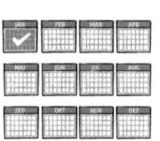

Січень

Januarie

Лютий

Februarie

Березень

Maart

Квітень

April

Травень

Mei

Червень

Junie

Липень

Julie

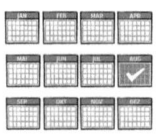

Серпень

Augustus

Вересень

September

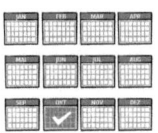

Жовтень

Oktober

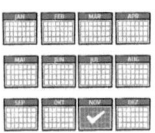

Листопад

November

Грудень

Desember

форми

vorms

круг

sirkel

квадрат

vierkant

прямокутник

reghoek

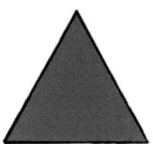

трикутник

driehoek

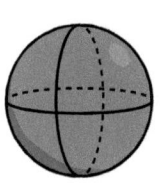

куля

gebied

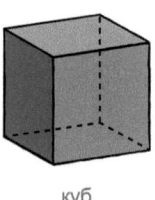

куб

kubus

білий

wit

жовтий

geel

помаранчевий

oranje

рожевий

pink

червоний

rooi

фіолетовий

pers

синій

blou

зелений

groen

коричневий

bruin

сірий

grys

чорний

swart

багато / мало

'n baie / 'n bietjie

лютий / мирний

kwaad / kalm

гарний / бридкий

pragtig / lelik

початок / кінець

begin / einde

великий / малий

groot / klein

світлий / темний

helder / donker

брат / сестра

broer / suster

чистий / брудний

skoon / vuil

завершений / незавершений

volledige / onvolledige

день / ніч

dag / nag

мертвий / живий

dood / lewendig

широкий / вузький

wyd / smal

їстівний / неїстівний

eetbare / oneetbaar

злий / дружній

kwaad / vriendelik

збуджений / нудьгуючий

opgewonde / verveeld

товстий / тонкий

vet / maer

спочатку / востаннє

eerste / laaste

друг / ворог

vriend / vyand

повний / порожній

vol / leeg

жорсткий / м'який

hard / sag

важкий / легкий

swaar / lig

голод / спрага

honger / dors

хворий / здоровий

siek / gesond

незаконний / законний

onwettige / wettige

розумний / дурний

slim / dom

вліво / вправо

links / regs

поруч / далеко

naby / vêr

новий / використаний

nuut / tweedehands

нічого / щось

niks / iets

старий / молодий

oud / jonk

вкл / викл

aan / af

відкрито / закрито

oop / toe

тихо / гучно

stil / lawaaierig

багатий / бідний

ryk / arm

правильно / неправильно

reg / verkeerd

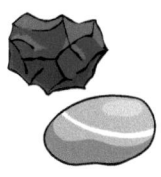

шорсткий / гладкий

grof / glad

сумний / щасливий

hartseer / gelukkig

короткий / довгий

kort / lank

повільно / швидко

stadig / vinnig

вологий / сухий

nat / droog

гарячий / холодний

warm / koel

війна / мир

oorlog / vrede

0

нvуль

nul

1

один

een

2

два

twee

3

три

drie

4

чотири

vier

5

п'ять

vyf

6

шість

ses

7

сім

sewe

8

вісім

agt

9

дев'ять

nege

10

десять

tien

11

одинадцять

elf

12

дванадцять

twaalf

13

тринадцять

dertien

14

чотирнадцять

veertien

15

п'ятнадцять

vyftien

16

шістнадцять

sestien

17

сімнадцять

sewentien

18

вісімнадцять

agtien

19

дев'ятнадцять

negentien

20

двадцять

twintig

100

сто

honderd

1.000

тисяча

duisend

1.000.000

мільйон

miljoen

англійська

Engels

американська англійська

Amerikaanse Engels

китайська
високочиновницька

Mandaryns

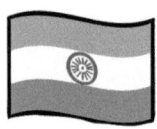

хінді

Hindi

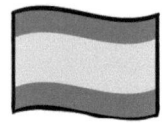

іспанська

Spaans

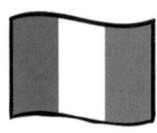

французька

Frans

арабська

Arabies

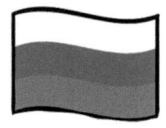

російська

Russies

португальська

Portugees

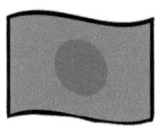

бенгальська

Bengaals

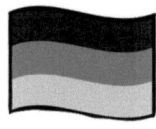

німецька

Duits

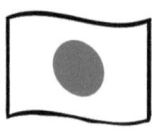

японська

Japanees

я
....
Ek

ти
....
jy

він / вона / воно
....
hy / sy / dit

ми
....
ons

ви
....
julle

вони
....
hulle

хто?
....
wie?

що?
....
wat?

як?
....
hoe?

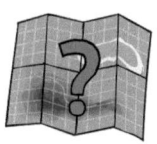

де?
....
waar?

коли?
....
wanneer?

ім'я
....
naam

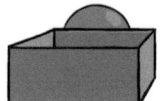

ззаду

agter

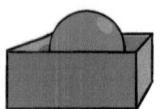

в

in

перед

voor

над

oor

на

bo-op

під

onder

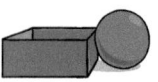

біля

langs

між

tussen

місце

plek